"세상에 사랑을 전하는 것이야말로
지금 우리가 해야 할 일입니다."

— M. 스캇 펙

사랑하는 _____ 님께 드립니다.

그 길에서의 명상 필사노트

MEDITATIONS FROM THE ROAD
by M. Scott Peck, M.D.
Copyright ⓒ 1993 by M. Scott Peck, M.D., P.C.

All rights reserved.

This Korean translation edition was published by ULYSSES PUBLISHING CO. in 2011 by arrangement with the original publisher, Touchstone, a Division of Simon & Schuster, Inc., New York through KCC(Korea Copyright Center Inc.), Seoul.

이 책은 (주)한국저작권센터(KCC)를 통한 저작권자와의 독점계약으로 율리시즈에서 출간되었습니다.
저작권법에 의해 한국 내에서 보호를 받는 저작물이므로 무단 전재와 복제를 금합니다.

그 길에서의 명상

아직도
가야 할
길

필사
노트

M. 스캇 펙 지음 | 최미양·박윤정 옮김

율리시즈

머리글

《아직도 가야 할 길》에서 가장 자주 인용되는 문구는 아마 첫 문장인 '삶은 고해苦海다'일 것이다. 이 문장을 지적인 차원에서 해석해보면 '쉬운 해결책은 없다'는 의미쯤 된다.

《아직도 가야 할 길》과 《마음을 어떻게 비울 것인가》에서 선별한 글들로 엮은 이 책에서도 역시 쉬운 해결책은 찾을 수 없을 것이다. 강의를 할 때 나는 종종 이런 짧은 인용문 한두 개만으로 한 시간가량에 걸쳐 상세하게 설명한다. 그러고는 청중들에게 꼭 주의를 준다.

"제가 오늘 말하려는 것들에도 모두 예외가 있습니다."

독자 여러분도 이 인용문들을 즉각적이고 완전한 해결책으로 받아들이면 안 된다. 여기의 메시지와 통찰, 견해, 인식은 훨씬 복합적이어서 때로 당혹감을 안겨주기도 한다. 그만큼 더욱 깊은 성찰을 요구한다. 하지만 이 점만 주의하면, 이 책은 여러분과 친구, 가족의 삶에서 큰 가치를 지닐 것이다.

사실 이 책의 주요한 목적도 더욱 깊이, 다시 말해 여러분 스스로 생각하도록 용기를 북돋워주는 데 있다. 내 글은 훌륭한 편집자들의 막대한 도움과 신의 축복을 받았다. 하지만 그렇다고 해서 신의 말씀은 아니다. 그러므로 이 책의 발췌문들을 갖고 명상하는 동안 주저 없이 비판하고 의심해보시라.

실제로 나는 여러 발췌문들에서 명료한 사고의 필수조건으로 회의주의가 꼭 필요하다는 점을 강조했다. 한 예로《마음을 어떻게 비울 것인가》에서 통합적인 사고에 대해 이야기하면서 11월 27일의 명상문으로 다음의 글을 발췌해 실었다.

'통합성이 존재하는지 그렇지 않은지를 알아내고 싶으면 딱 한 가지만 질문해보면 된다. 무엇이 빠졌는가? 무언가 누락된 것이 있는가?'

이 책의 발췌문들을 읽을 때마다 이와 똑같은 질문을 던져보시기를 바란다.

발췌문들은 일일 명상문 형식으로 되어 있다. 이 글들의 출처인 두 책에서 나는 정신과의사로서 인간의 행동을 관찰하고, 다양한 그룹의 안내자 겸 구성원으로서 진정한 공동체를 구현하기 위해 힘썼던 경험과 영성을 향한 나 자신의 여정을 중요하게 그려놓았다. 여기에 뽑은 글들은 이런 맥락에 실렸던 것이다. 그러므로 이 발췌문을 만들어낸 특정 상황이나 사례를 완전히 무시하고 읽을 수는 없다. 따라서 이 글들을 처음의 의미 그대로 더욱 깊이 이해하고 싶은 독자들은 두 책을 안내서 겸 동반자로 활용할 수 있을 것이다. 하지만 이 발췌문들을 읽고 명상하는 사람들 모두 각자의 개인적인 삶과 경험 속에서 이 글들이 갖는 의미를 발견해냈으면 하는 것이 내 바람이자 목적이다.

    자신과 삶을 모든 각도에서 성찰하다 보면 자연히 전체적이고 역설적인 방식으로 사고하게 된다. 당연히 이 책에도 많은 역설들이 들어 있다. 이런 역설에 당황해하기보다 편안하게 받아들이고 즐겼으면 좋겠다. 어느 유명한 철학 교수가 제자의 질문에 답했던 말이 떠오른다. "선생님은 모든 진리의 중심에 역설이 들어 있다고 생각하신다고 들었습니다. 그런 생각이 정말로 맞습니까?" 제자의 물음에 그 훌륭한 교수는 이렇게 대답했다. "글쎄, 그렇기도 하고, 아니기도 하고."

    일정한 기간에 한 문구에 깊이 천착하는 것은 기도나 명상의 일반적인 형태다. 유대교와 기독교 전통에서는 보통 성경에서 발췌한 구절을 이용한다. 불교에서는 흔히 공안을 갖고 기도나 명상에 잠긴다. 하지만 시 전체든 시의 한 구절이든, 스치듯 얼핏 이해하는 것을 넘어서 더욱 깊이 집중해볼 만한 가치가 있는 것이면 무엇이든 명상이나 기도의 도구로 활용할 수 있다. 이 책도 그런 식으로 이용해주셨으면 좋겠다.

    이 책의 문장들은 대충 훑어 읽어도 되는 것들이 아니다. 침묵과 고독 속에서 깊이 명상해보아야 할 것들이다. 이 발췌문들을 이용해 내면으로 더욱 깊이 들어가, 더욱 크게 성장하시기를 바란다. 이 글에 담긴 지혜 속으로, 여러분 자신 속으로, 역설 속으로 더욱 깊이 들어가시기를.

이런 작업을 그룹에서 어떻게 수행했는지 예를 들자면, 최근에 '공동체와 영성 그리고 수행'을 주제로 사흘간의 컨퍼런스를 주재한 적이 있다. 첫째 날이 끝날 무렵 대부분의 참가자들이 상당히 세련된 사람들이라는 사실을 분명하게 깨달았다. 이들은 심리학이나 신학, 교육학, 경영학 등의 학위를 소유하고 (아니, 이 학위들에 사로잡혀) 있었다. 그래서 둘째 날 아침 오랜 경험에 비추어보건대 학력이 높은 사람들보다 그렇지 않은 사람들이 훨씬 쉽게 진정한 공동체를 이룬다고 말해주었다. 공동체를 이루려면, 직함이나 자격증, 객관성을 가장한 무심함을 스스로 '비워내야' 하기 때문이다.

공동체를 형성하는 일이 기도 같은 영적 수행과 같다는 것은 전에도 강조한 적이 있었기에 그들에게 이렇게 말했다.

"여러분이 갖고 있는 지식을 전부 버릴 필요는 없어요. 하지만 무언가 다른 것이 들어올 여지는 만들어놓아야 합니다."

나는 백 명도 넘는 사람들에게 십분 동안 말없이 간단한 문구 하나를 갖고 함께 명상에 잠겨보라고 했다. 그러고 나서 그들 앞에 있던 대형 카드의 가리개를 걷어 치웠다. 그 카드 위에는 또 다른 위대한 작가의 말이 크게 적혀 있었다.

'그대들은 뱀처럼 지혜롭고 비둘기처럼 순수해야 한다.'

부디 역동적이고 관조적인 이 책과 함께하시기를.

M. 스캇 펙

일러두기

이 책은 M. 스캇 펙 박사가 자신의 책 《아직도 가야 할 길》과 《마음을 어떻게 비울 것인가》 두 권에서 명상의 문구로 적합한 것들을 골라 편집해 출간한 것입니다. 1월 1일부터 8월 13일까지의 내용은 《아직도 가야 할 길》에서, 이후 8월 14일부터 12월 31일까지는 《마음을 어떻게 비울 것인가》에서 발췌했음을 밝혀둡니다.

January 1

삶이 고해苦海라는 사실을 정말로 알게 되면,
우리가 진정으로 그 사실을 인정하고 받아들이게 되면,
삶은 더 이상 고해가 아니다. 그 사실을 받아들이게 되면
그게 더 이상 문제가 되지 않기 때문이다.

January 2

삶은 문제의 연속이다.
우리는 이 문제들을 해결하고 싶은 걸까
아니면 그저 불평하고 싶은 걸까?

January 3

훈육 없이는 아무것도 해결할 수 없다.
부분적인 훈육으로는 일부 문제만 해결할 수 있다.
온전한 훈육이 있어야 모든 문제를 해결할 수 있다.

January 4

삶의 성패를 가르는 것이 문제들이다.
문제에 부딪치면 용기와 지혜가 필요해진다.
실로, 문제는 용기와 지혜를 창조한다.

January 5

현명한 사람들은 문제를 두려워하지 않는다.
사실 문제를 환영한다.
문제에 부딪치고 해결하는 전 과정이야말로
삶의 의미가 담겨 있기 때문이다.

January 6

훈육은 괴로움을 견디게 해주는 테크닉이고,
문제가 주는 고통을 겪으면서
끝까지 성공적으로 문제를 해결할 수 있도록 하는 도구다.
그 과정 중에 우리는 배우고 성장한다.
우리가 스스로를 훈육한다는 것은
고통을 겪고 성장하는 방법을 스스로 가르친다는 의미다.

January 7

고통을 먼저 맞이하고 겪은 후에 그것을 극복하면
삶의 기쁨은 더 커진다.

January 8

부모가 아이에게 할애하는 시간의 질과 양이
아이에게는 자신이 부모에게 얼마나 소중한 존재인지를
가늠하는 척도가 된다.

JANUARY 9

아이들이 자신이 소중히 여겨진다는 것을 알 때,
다시 말해 마음속 가장 깊은 곳에서
자신이 진정으로 소중하게 여겨지고 있음을 느낀다면,
아이들은 스스로 소중하다고 느낄 것이다.
이러한 인식은 어떤 황금보다도 귀한 것이다.

January 10

가치 있는 존재라는 느낌은 자기 절제의 초석이다.
자신을 소중하게 여기면 시간을 잘 활용하는 등
자신을 돌보게 된다.
이와 같이 자기 절제란 자신을 돌보는 것이다.

January 11

기꺼이 시간을 낼 마음만 있다면
어떤 문제든 해결할 수 있다.

January 12

문제란 사라지지 않는다.
문제는 부딪쳐서 해결하지 않으면 그대로 남아
영혼의 성장과 발전에 영원히 장애가 된다.

January 13

삶의 문제를 해결하는 것 말고는 문제를 해결할 방법이 없다.

January 14

문제를 해결하기 전, 우리는 먼저 문제에 대한 책임을 인정해야 한다.
"그것은 내 문제가 아니야"라고 말하면서, 다른 사람이
우리를 대신해 해결해주기를 바라면서 문제를 해결할 수는 없다.
"이건 내 문제야. 그리고 그것을 해결하는 건 내게 달렸어."
그렇게 인정할 때에만 우리는 문제를 해결할 수 있다.

January 15

자유로운 사람이 되려면
자신에 대해 전적으로 책임을 져야 한다.
또한 동시에 진실로 자신의 책임이 아닌 것은
거절할 줄 아는 능력을 지녀야 한다.

JANUARY 16

책임져야 할 것과 그럴 필요가 없는 것을 분간하는 것은
실존에 있어 가장 큰 문제 중의 하나다.
이러한 과정을 제대로 이행하기 위해서는
지속적인 자기반성을 감내할 의지와 능력이 있어야 한다.

January 17

세상과 그 세상 안에서 우리의 위치를
현실적으로 바라볼 수 있는 능력을 얻으려면
많은 경험을 쌓고 오랜 시간 동안 제대로 성장해야만 한다.
그래야만 우리 자신과 세상에 대해 어떤 책임을 질 것인지
실질적으로 판단할 수 있다.

January 18

어떤 문제든 개인이 책임을 졌을 때에서야
비로소 해결될 수 있다.

January 19

자기 행동에 대한 책임을 회피하려고 하면서
우리는 우리 능력을 다른 사람이나 조직에 떠넘기고 있다.
이런 식으로 수백만의 사람들이 매일
자유로부터의 도피를 시도한다.

January 20

어른으로서 우리의 선택은 거의 무한하다.
그러나 그것이 고통스럽지 않다는 의미는 아니다.
우리는 빈번히 두 가지 나쁜 것 중에서
덜 나쁜 것을 선택해야 하지만
여전히 선택할 수 있는 힘을 지니고 있다.

January 21

성인의 삶이란 온통 개인적 선택과 결정의 연속이다.
완전히 이것을 받아들일 수 있으면 자유로워진다.
이를 받아들이지 않는 한,
우리는 영원히 자신을 희생자라고 느낄 것이다.

January 22

건강한 삶을 영위하고 영혼이 성장하려면 진실에 충실해야 한다.
진실은 현실이므로.
세상의 현실을 명확하게 바라볼수록
그 세상에 대처할 준비를 더 잘할 수 있다.

January 23

현실에 대한 우리의 견해는
삶의 영역을 통과하는 데 필요한 지도와 같다.
지도가 잘못돼 있고 부정확하면
우리는 대부분 길을 잃고 말 것이다.
지도가 올바르고 정확하면, 지금 어디에 있는지도
또한 가고자 하는 곳이 정해졌을 때
거기에 어떻게 가야 하는지도 알게 될 것이다.

January 24

상대적으로 운이 좋은 몇 사람만이
죽는 순간까지 삶의 비밀을 탐구하고, 자신의 지도를 개정하고
계속해서 세상과 진리에 대한 이해의 폭을 넓히고 수정하며
다시 정의를 내린다.

January 25

현실에 대한 내면의 지도를 만드는 데 있어 가장 큰 문제는
우리가 무無에서 시작한다는 사실이 아니라
정확한 지도를 위해 계속해서 지도를 고쳐야 한다는 사실이다.

January 26

우리는 진실에 전적으로 충실해야 한다.
진실이 우리의 편안함보다는
이익을 위해 더 중요하고 절대적인 것이 되도록.

January 27

전적으로 진실에 헌신하는 삶이란 어떤 것일까?
무엇보다도 그것은 지속적으로 쉼 없이
철저하게 자신을 성찰하는 삶을 의미한다.

January 28

현명하게 산다는 것은
생각과 행동이 일치하는 삶을 사는 것이다.

January 29

세상을 알기 위해서는
세상을 살펴봐야 할 뿐 아니라
동시에 세상을 살피는 자도 살펴보아야 한다.

January 30

다행히도 우리는 세상에 존재하는 위험의 근원이
우리 안에 있지 밖에 있는 것이 아니며
살아가는 데 가장 중요한 것은
부단한 자기 성찰과 사색의 과정이라는 것을 이해하기 시작했다.

January 31

세상을 외적으로 성찰하는 것은
내적 성찰에 비하면 분명 덜 고통스럽다.

F e b r u a r y 1

진실에 전적으로 헌신하는 삶이란
개인적으로 받게 되는 도전을 기꺼이 받아들이는 삶을 의미한다.
현실의 지도에 닥친 도전을 받아들이고 심지어 반기게 되면,
우리의 지혜와 성취는 훌쩍 자라게 된다.

February 2

아마도 우리를 가장 인간적으로 만드는 특징이라 한다면
우리 자신의 본능을 초월하려는,
그리하여 그 본능을 개선하려고 하는 반자연적인 성향일 것이다.

February 3

정수기 앞에서, 회합에서, 골프장에서, 저녁 식탁에 앉아서,
불 끄고 침대에 누워서 그렇듯이
일상적으로 우리가 다른 사람과 주고받는 상호작용은
우리가 매일 매일 누리는 기회다.
우리를 성장과 행복으로 이끄는 개방적인 태도를 지닐
모험을 할 수 있는 기회인 것이다.

February 4

도전에 개방적인 태도를 갖는 것이
생활 속에서 자연스럽게 우러나올 때
비로소 정신 치료는 완전해진다.

F e b r u a r y 5

사람들이 거짓말을 하는 이유는
도전과 그에 따르는 고통을 피하고 싶기 때문이다.

February 6

진실을 숨기는 행위는 언제나 거짓말과 같을 수 있다.

February 7

정직과 진실에 헌신하는 어려운 삶을 택한 사람들은
지속적인 성장과 사람들과의 효율적이고 친근한 관계와
세상을 계몽하고 정화하는 데 봉사한다는 인식을
그 보상으로 받는다.

February 8

진실에 헌신하는 사람들은
그들의 개방성 덕분에 개방된 삶을 살고,
개방적으로 사는 용기를 발휘함으로써
두려움에서 자유로워진다.

February 9

용감한 사람들은 계속해서 철저히 정직하려고 애쓰는 한편
필요할 때는 진실을 모두 밝히지 않는 능력도 가져야만 한다.

February 10

정돈이 잘 되고 효율적인, 현명한 삶을 위해서는
그날그날의 즐거움을 뒤로 미루고
미래를 내다볼 줄 알아야 한다.
하지만 기쁘게 살려면 파괴적이지 않은 한도 내에서
현재에 살고 즉흥적으로 행동할 수도 있어야 한다.

February 11

무언가를 포기하는 것은 고통스럽다.
삶의 여러 가지 구부러진 길과 모퉁이와 타협할 때는
계속 자신의 일부를 포기해야만 한다.
이러한 포기 대신 유일한 선택이 있다면
그것은 인생이라는 여행을 아예 그만두는 일이다.

February 12

복잡한 세계에서 성공적으로 살아가려면
분노를 표현할 줄 아는 능력뿐만 아니라
표출하지 않을 수 있는 능력도 소유해야 한다.

F e b r u a r y 1 3

우리는 상황에 따라 각각 다르게 화를 처리하는 법을
알아야 하고, 화를 표출할 때는 가장 적당한 때와 방식을
사용할 줄 알아야 한다.

February 14

인생의 여정에서 '중년의 위기'와 같은 전환기가
문제투성이에 고통스러워지는 이유는,
그것을 성공적으로 넘기 위해선 예전에 소중히 여기던 생각과
이제껏 써온 방법과 사물을 보아본 방식들을
포기해야 하기 때문이다.

February 15

옛날 방식 그대로의 생각과 행동에 매달리면, 때에 따라 영원히 어떠한 위기도 극복해내지 못하고, 참으로 성장하지도 못하며, 더 큰 성숙으로 이어지는 전환에 동반되는 부활의 기쁨도 체험하지 못한다.

February 16

자신을 포기함으로써 인간이라는 존재는
가장 황홀하고, 영구적이고, 확고하며
무한한 인생의 기쁨을 발견할 수 있다.

February 17

삶에 모든 의미를 부여하는 것이 바로 죽음이다.

February 18

삶의 여정이 더 길수록 더 많은 탄생을 체험할 것이고
따라서 더 많은 죽음을 체험할 것이다.
더 많은 기쁨과 더 많은 고통도 체험할 것이다.
하지만 모든 것을 포기함으로써 보다 많이 얻는다.

February 19

고통을 완전히 받아들이면
더 이상 고통은 고통이 아니게 된다.

February 20

끊임없는 훈육은 달인의 경지에 이르게 한다.

February 21

영적으로 성숙한 사람은 남을 무한히 사랑할 수 있는 사람이며,
그러한 사랑은 그 자신에게 무한한 기쁨을 되돌려준다.

February 22

정신적으로 성숙한 사람은 엄격한 훈육, 훈련, 사랑을 통해 위대한 능력을 갖춘 사람이다.
세상은 그들을 보통 사람으로 보겠지만 종종 그들은 조용히, 혹은 심지어 보이지 않게 그 힘을 행사하고 있다.

February 23

그 사람의 위대함을 판단하는 척도(아마도 최고의 척도)는
고통을 감수하는 능력이다.
그런데 위대한 사람들은 또한 항상 기쁨에 넘친다.
이것은 그러므로 모순이다.

February 24

최고의 의사결정자란, 자기 결정에 따르는
최대한의 고통을 기꺼이 감수할 용의도 있으면서
여전히 결정을 내릴 수 있는 능력을 지닌 사람이다.

F e b r u a r y   2 5

부처와 그리스도는 다른 사람들이 아니다.
그리스도가 십자가 위에서 받아들였던 고통과
부처가 보리수 아래서 해탈한 기쁨은 하나다.

February 26

그대의 목표가 고통을 피하고 괴로움에서 도망치는 것이라면,
나는 그대에게 높은 수준의 의식이나
영적 성장을 추구하라는 조언은 하지 않으련다.

February 27

정체성을 포기할 수 있으려면 그 전에,
당신 자신을 위해 먼저 그것을 만들어놓아야 한다.

F e b r u a r y 2 8

훈육은 인간의 영적 발달을 위한 수단이다.
그런데 무엇이 훈육에 관심을 갖게 하며
또한 훈육을 위한 원동력을 주는 걸까?
이러한 힘을 나는 사랑이라고 믿는다.

February 29

나는 사랑을 이렇게 정의한다.
'자기 자신이나 타인의 영적 성장을 도울 목적으로
자신을 확대시켜 나가려는 의지'라고.

March 1

사랑의 행위가 타인의 성장을 목적으로 할 때도
그것은 자신을 진화시켜 나가는 과정이라고 할 수 있다.

March 2

자신을 사랑하지 못하면 남을 사랑할 수도 없다.

March 3

우리는 자기 훈육을 그만둘 수 없다.
동시에 다른 이를 돌보는 데 있어서의 훈육도 게을리할 수 없다.

March 4

자신의 힘을 키우지 않으면
다른 사람에게 힘의 원천이 돼줄 수 없다.

March 5

자신을 사랑하고 남을 사랑하는 것은
서로 관련돼 있을 뿐만 아니라
궁극적으로 그 둘은 구별할 수 없다.

March 6

한계를 뛰어넘어야만 자신을 확장할 수 있다.

March 7

사랑은 노력 없이는 안 된다.
사랑은 상대를 위해 (또는 자신을 위해)
한 발자국 더 내딛거나 1킬로미터를 더 걷는 것을 통해서만
입증 가능하거나 기정사실화되는 것이다.

March 8

사랑은 의지의 행위다. 즉, 의도와 행동이 결합된 결과다.
사랑은 행위로 표현될 때 사랑이다.

March 9

사랑에 대한 모든 오해 중에서
가장 강력하고 가장 널리 퍼져 있는 것은
'사랑에 빠지는 것'이 사랑이라는 믿음이다.
그러나 그것은 우리를 참사랑이 시작될 수도 있는 책임으로
이끌고, 일생 동안 사랑한 후에야 맛볼 수 있는
보다 지속적이고 신비한 황홀감을 미리 맛보게 한다.

March 10

참사랑은 때로 사랑한다는 느낌이 없는 관계에서
사실 사랑하지 않음에도 불구하고
사랑스럽게 행동할 때 일어나기도 한다.

March 11

우리는 사랑에 빠지는 경험 자체를 피할 수는 없지만
사랑에 빠질 때 어떤 태도를 취할 것인지는 선택할 수 있다.

March 12

참사랑은 영원히 자신을 확대하는 경험이다.
그러나 사랑에 빠지는 것은 그렇지 않다.

March 13

자신과 상대방이 개성을 지닌 별개의 개체임을
진실로 인정하는 것, 이런 기반 위에서만이
성숙한 결혼 생활이 가능하고 참사랑도 자랄 수 있다.

March 14

성자로 가는 길은 성년기를 통해서 지나간다.
짧고 쉬운 지름길이란 없다.

March 15

자아를 잃어버리기 전에 먼저 자아를 발견해야 한다.

March 16

지속적인 깨달음이나 진정한 영적 성장은
오로지 참사랑을 부단히 실천함으로써 성취할 수 있다.

March 17

사랑이란 자유로운 선택의 실천이다.
서로가 없어도 분명 잘살 수 있지만 함께 살기로 선택할 때만이
서로 사랑한다고 할 수 있는 것이다.

March 18

확실히 사랑받을 수 있는 유일한 길은
사랑할 만한 가치가 있는 사람이 되는 것이다.

March 19

사랑의 유일한 진짜 목적은
영적 성장 혹은 인간의 발전이다.

March 20

성자 역시 잠을 자야 하고
선지자조차 놀아야 한다.

March 21

사랑은 단순히 거저 주는 것이 아니다.
사랑은 분별 있게 주고
마찬가지로 분별 있게 주지 않는 것이다.

March 22

스스로 돌볼 능력이 있는 사람을 돌보는 것보다는
독립심을 길러주는 것이 더 사랑이다.

March 23

사랑의 역설은
그것이 이기적이면서 동시에 이기적이지 않다는 것이다.

March 24

진정한 사랑은 책임과 지혜로운 행동을 내포한다.

March 25

부부는 조만간 사랑에서 빠져나온다.
그리고 짝을 찾으려는 본능이 사라지는 그 순간에
비로소 진정한 사랑을 시작할 수 있는 기회가 온다.

March 26

참으로 사랑하는 사람은
사랑하려는 마음을 지녔기 때문에 그럴 수 있다.
이러한 사람은, 사랑의 느낌이 없어도
사랑하겠다고 결심할 수 있다.

March 27

사랑의 증거를 느낌에서 찾기란
쉬우며 전혀 기분 나쁜 일이 아니다.
그 증거를 행동에서 찾는 것이 힘들고 고통스러울지 모른다.

March 28

노력이나 용기가 없는 행동이라면
그것은 사랑의 행동이 아니다.

March 29

단연코 우리가 사랑하는 이들에게 줄 수 있는
관심의 가장 중요한 방식은 경청이다.

March 30

진심으로 듣는 것은
사랑을 행동으로 실천하는 것이다.

March 31

사람들은 변화에 대한 두려움을 제각기 다른 방식으로 다루지만, 실제로 변하려 들면 두려움은 불가피하다.

April 1

용기란 두려움의 부재가 아니다.
그것은 두려움에도 불구하고 행동하는 것이다.

April 2

어떤 단계의 영적 성장이든,
그리하여 사랑에는 항상 용기가 필요하며 모험이 따른다.

April 3

고통을 감내하려 하지 않는다면, 많은 것들 없이 살아야 한다.
즉, 아이를 갖는 것, 결혼, 섹스의 황홀감, 야망, 우정 등
삶을 활력 넘치게 만들고 의미심장하게 하며 소중하게 만드는
그 모든 것들 없이 말이다.

April 4

어떤 차원으로든 성장하면
기쁨과 더불어 고통이라는 보상을 얻을 것이다.
당신이 선택할 수 있는 유일한 길은
삶을 충만하게 살지 않든가 혹은 삶을 포기하든가
둘 중 하나일 뿐이다.

April 5

죽음이란 언제나 곁에 있는 동반자임을 알고 산다면
죽음은 '동지'가 될 수 있다.
여전히 두렵지만 줄곧 지혜로운 조언의 원천이 되어주는.

April 6

죽음이라는, 항상 변화하는 삶의 본질을 피하면
우리는 어쩔 수 없이 삶도 피해버리게 된다.

April 7

모든 삶은 그 자체가 모험을 의미한다.
그리고 삶을 사랑할수록 모험도 더 많아진다.

April 8

일생 동안 겪는 수천, 수백만에 이를 모험 중에서
가장 위대한 것은 성장을 위한 모험이다.

April 9

성장이란 미지의 것, 결정되지 않은 것, 불안하고, 불확실하고,
성역화되지 않고, 예상할 수 없는 세계로
두려운 발걸음을 내딛는 것이다. 그것은 많은 사람들이
평생 동안 절대로 실행해보지 못하는 도약이다.

April 10

인생에 있어서 유일하고 진정한 안전이란
삶의 불안을 맛보는 데 있다.

April 11

자유로이 영적 성장을 향해 더 숭고한 길을 따라 전진하여
가장 위대한 차원에서 사랑을 보여줄 수 있는 것은
오직 온전한 자아와 심리적 독립과 고유한 개성이라는
미지의 세계로 도약할 때뿐이다.

April 12

책임감은 모든 진정한 사랑의 관계에 초석이고 기반이다.

April 13

책임감이 강하다 해서
꼭 성공적인 관계를 이룰 수 있는 건 아니지만
사랑을 확실히 하는 데에는
어떤 다른 요인보다 도움이 된다.

April 14

사랑에 빠진 상태에서 진정한 사랑으로의 전환을
가능하게 만드는 것은 결혼식 후에 갖는 책임감이다.
그리고 우리를 생물학적인 부모에서 심리학적인 부모로
전환시킨 것은 아내의 임신 후 생겨난 책임감이다.

April 15

다른 사람을 진심으로 이해한다는 것은
당신 자신 안에 그를 위한 공간을 만들지 않고는 불가능하다.

April 16

아이들의 요구에 응답해주기 위해
우리는 자신을 변화시켜야 한다.
그런 변화에 따른 고통을 달갑게 받아들이려 해야만
아이들이 필요로 하는 부모가 될 수 있다.

April 17

아이들에게서 배우는 것은 대개의 사람들이
스스로에게 의미 있는 노년을 보장해주는
최고의 기회다.

April 18

사랑에 있어 가장 중요한 모험은,
힘을 행사하는 위험을 겸손한 자세로 감수하는 것이다.

April 19

진정한 사랑은
상대방의 독특한 개성과 독립된 정체성을 인정하고 존중한다.

April 20

남편과 아내가 서로에게 최고의 비판자가 되지 않으면
어떤 결혼도 참으로 성공했다고 할 수 없다.

April 21

서로간의 애정 어린 대립은
성공적이고 의미 있는 인간관계에 있어서 매우 중요한 부분이다.
그렇지 않다면 그 관계는 허망하거나 피상적이다.

April 22

말을 알아듣게 하고 싶으면
듣는 사람이 이해할 수 있는 언어로 말하고
듣는 사람이 실행 가능한 수준에서 말해야 한다.

April 23

오로지 사랑의 겸허함을 통해
인간은 감히 하느님이 될 수 있다.

April 24

자기 훈육은 대개 사랑을 행동으로 표현한 것이다.

April 25

인간의 감정은 에너지의 원천이다.
감정은 일상의 업무를 수행할 수 있게 만들어주는
마력을 제공한다.

April 26

감정은 우리를 위해서 작용하므로
우리는 감정을 정중히 다루어야 한다.

April 27

진정한 사랑은 자아의 확장을 포함하기 때문에
막대한 양의 에너지가 요구된다.
그러므로 좋든 싫든,
우리는 다만 모든 사람을 사랑할 수 없는 것이다.

April 28

진정한 사랑은 고귀하다.
그러므로 진정한 사랑을 할 수 있는 사람들은
자기 훈육을 바탕으로 가능한 한 생산적인 방향으로
사랑에 집중해야 함을 안다.

April 29

배우자와 아이들과 진정한 사랑의 관계를 이루었다고
말할 수 있다면, 당신은 이미 대개의 사람들이 평생 동안
성취한 것보다 더 많은 것을 성취하는 데 성공한 것이다.

April 30

자유와 훈육은 사실 사랑의 보조자들이다.
진정한 사랑이라는 훈육이 없으면,
자유란 예외 없이 사랑이 아니며 파괴적이 된다.

May 1

진정한 사랑은 자신을 다시 채우는 것이다.
다른 사람의 영적 성장을 도우면 도울수록
나 자신의 영적 성장도 더욱더 촉진된다.

May 2

내가 사랑을 통해 성장함에 따라 기쁨도 커진다.
더 뚜렷하게, 더 변함없이.

May 3

진정한 사랑을 하는 사람은
사랑하는 이의 독립성과 독특한 개성을 늘 존중하고
심지어는 격려한다.

May 4

결혼은 상호간의 막중한 배려,
시간과 에너지를 필요로 하는 진정한 공동 협조 체제다.
그러나 영적 성장의 정상을 향한 여정에 들어선 서로에게
힘이 되기 위함이라는 중요한 목적 때문에 존재한다.

May 5

남성과 여성 모두 결혼으로 이룬 가정을 돌봐야 하고
둘 다 각자의 생에 도전해 나가야 한다.

May 6

부부간의 결합을 풍요롭게 하는 것은 서로의 독립성이다.

May 7

진정한 사랑은 상대방의 개별성을 존중할 뿐만 아니라,
실제로 분리 혹은 상실의 위험에 직면하면서까지
독립성을 길러주려고 애쓴다.

May 8

성공적인 결혼이나 성공적인 사회의 지지 없이는
이 중요한 여행을 해낼 수 없다.

May 9

혼자서 여행한 끝에 다다른 정상에서
자기를 도운 결혼 혹은 사회로 귀환하는 것은
다시 그 결혼과 사회를 새로운 단계로 올리는 데 이바지한다.

May 10

우리 서구인들은 사랑에 관한 주제에 대해서는 쑥스러워하지만, 힌두교의 지도자들은 사랑이 그들의 힘의 원천이라는 사실에 거침이 없다.

May 11

진정으로 사랑하는 관계는
어떤 관계든 서로 심리 치료적이다.

May 12

모든 인간의 상호 작용은
배우거나 가르칠 수 있는 기회들이다.

May 13

사랑하는 사람이 처음으로 내 눈 앞에 알몸을 보였을 때,
전신을 관통한 느낌 그것은 경외였다. 왜 그랬을까?
만약 성이 본능 이상의 그 무엇도 아니라면
왜 나는 흥분한다거나 욕망의 굶주림만을 느끼지 않았을까?
단순한 욕망의 굶주림만으로도 인류의 번식은 충분히
보장되고도 남았을 것이다. 그런데 왜 경외감이 들었을까?
성이 왜 존경의 느낌과 복잡하게 얽혀 있단 말인가?

May 14

훈육, 사랑, 삶의 경험을 통해 성장하게 되면
세계와 그 안에서의 자기 위치에 대한 이해도
당연히 빠르게 성장한다.
이것을 이해하는 것이 우리의 종교다.

May 15

우리는 실재의 본질에 관하여 주변 사람들이 믿는 것을 믿고 그들이 얘기해준 것을 진리라고 받아들이는 경향이 있다.

May 16

우리의 세계관을 결정짓는 것은
부모의 말이라기보다 오히려
부모의 행동이 만들어내는 특정한 세계다.

May 17

성스러움으로 가는 길은
모든 것을 회의하는 것에서 시작된다.

May 18

우리가 지닌 가능성의 최대치를 끌어내기 위해
우리의 종교(혹은 세계관)는 현실이라는 가혹한 시련 속에서
전적으로 불처럼 타오르는 회의와 의문을 통해 형성되는
온전히 개인적인 것이어야 한다.

May 19

실제로 경험하지 않는 한, 안다고 할 수 없다.

May 20

영적인 성장을 위해서는
우리 문화의 통념과 추정에 회의적인
과학자가 되어보는 것이 필수적이다.
그러나 과학의 개념 자체는 종종 문화적 우상이 되므로,
우리는 이들에 대해서도 마찬가지로 회의적이 될 필요가 있다.

May 21

사실 우리는 하느님에 대한 믿음에서 벗어나 성숙할 수 있다.
내가 지금 말하고 싶은 것은
성숙하여 하느님에 대한 믿음 안으로 들어가는 것
또한 가능하다는 것이다.

May 22

회의하기 이전의 하느님은
회의를 거친 후의 하느님과 전혀 다르다.

May 23

"인간은 죽을 운명과 영생의 운명을 동시에 갖고 있다"
"빛은 하나의 파동이고 동시에 하나의 입자다"
이렇게 말할 수 있을 때 과학과 종교는 같은 언어,
곧 역설의 언어를 쓰기 시작했다.

May 24

우리는 불타는 숲, 갈라지는 바다,
하늘에서 들리는 우렁찬 소리 등을 기대해왔다.
그 대신 우리는 일상에서 일어나는 매일의 사건들을
기적의 증거로 들여다보아야 한다.

May 25

터널 속에서 보는 식의 과학적 태도가
현실을 왜곡시켜선 안 되는 것처럼,
회의를 위한 우리의 비판 능력과 역량도
영적 영역의 눈부신 아름다움에 눈멀어서는 안 된다.

May 26

최악의 환경에 처했을 때에도 대다수 사람들의
정신적, 육체적 건강을 일상적으로 지키고 길러주는 힘,
우리가 완전히 이해하지 못하는 메커니즘이 존재한다.
종교인들은 그것에 은총이라는 이름을 붙였다.

May 27

만약 자신을 이해하려고 꾸준히 그리고 열심히 노력한다면
지금은 거의 알아차리지 못한 당신 마음의 거대한 부분,
상상을 초월해 많은 것들을 품고 있는
무의식의 세계를 발견하게 될 것이다.

May 28

무의식이 꿈을 통해 전달해주는 메시지는 언제나
영적 성장을 북돋우려고 고안해낸 것처럼 보인다.
예컨대 개인적 위험에 대한 경고, 문제 해결책의 안내,
틀릴지도 모른다고 생각한 것이 사실은 옳다는 격려,
길을 잃은 것 같았을 때의 길잡이 같은 것들 말이다.

May 29

무의식은 잠들어 있을 때는 물론이고 깨어 있을 때에도
대단히 우아하고 유익하게 우리와 의사소통한다.
이러한 '엉뚱한 생각들'은 대체로
우리 자신에 대한 극적 통찰력을 제공한다.

May 30

문제는 인간이 적개심과 성적 욕구를 지녔다는 그것이 아니라,
그러한 감정과 직면하고 그에 따르는 고통을 감내하는 것을
의식이 빈번히 외면하려고 하는 것,
그래서 그것을 숨기려 드는 바로 그것이다.

May 31

우리는 언제나 스스로의 믿음보다 좀 낫거나 못하다.
그러나 무의식은 우리가 정말 어떤 사람인지 안다.

June 1

사실 무의식은 모든 면에서 우리보다 지혜롭다.

June 2

모든 지식과 지혜는 우리 내부에 갖춰져 있다.
우리가 '어떤 새로운 것'을 배운다는 것은
사실 줄곧 우리에게 존재한 그것을 발견해내는 것일 뿐이다.

June 3

때때로 기적 같은 것은 없다고 믿는
그 마음 자체가 바로 기적이다.

June 4

은총은 누구에게나 주어진다.
하지만 어떤 이는 이것을 이용하고 어떤 이는 그러지 못한다.

June 5

은총을 입은, 전혀 일어날 것 같지 않은 은혜로운 사건들이
주변에서는 늘 일어난다.
풍뎅이가 조심스레 창문을 두드린 사건처럼
매우 드라마틱하게, 우리 의식의 문을 조용히 두드린다.

June 6

은총이라는 현상을 우리의 관념 체계 안에 받아들이지 않은 채
우주와 그 우주 안에 있는 인간의 자리를
완전히 이해하기를 바랄 순 없다고 생각한다.
그것은 위험해 보인다.

June 7

우리의 일생은
마지막 순간까지 무한한 영적 성장의 기회를 제공한다.

J u n e   8

우리가 우주에 대해 배운 대로라면
진화는 절대 일어날 수 없다.
진화 과정 중에 가장 주목할 만한 사실은
그것이 기적이라는 점이다.

June 9

우리가 태어난 진창을 뛰어넘게 해
보다 어려운 길을 선택하도록 부추기는 어떤 힘이 있다.
그 과정에 있는 모든 저항에도 불구하고,
우리는 정말 좀 더 나은 사람이 된다.

June 10

성숙한 사람들은 그 성숙의 열매를 즐길 뿐만 아니라
세계와 나눈다.

June 11

개체로서 진화했지만
우리는 등에 인류 전체를 지고 있는 셈이다.
그리하여 인류도 진화한다.

June 12

개인과 전 인류의 등을 떠밀어,
무기력이라는 본능적 저항을 이기고
성장하게 하는 이 힘은 무엇일까?
그것은 사랑이다.

June 13

우리 스스로를 승격시킬 수 있는 것은 사랑을 통해서다.
또한 다른 사람들을 드높일 수 있도록 돕는 것도
그들을 사랑함으로써 가능하다.

June 14

모든 생명체에 존재하는 진화의 힘은
인간의 사랑이라는 모습으로 인류 앞에 자신을 드러낸다.

June 15

좀 더 진지하게 생각하면,
사랑의 하느님이라는 일견 단순해 보이는 관념은
결코 안이한 철학이 아님을 알게 될 것이다.

June 16

왜 하느님은 우리가 성장하기를 바라는가?
하느님이 우리에게 바라는 것은 무엇인가?

June 17

사랑을 베푸는 하느님이란 존재를 가정하고
그것을 진지하게 탐구하다 보면 결국은
한 가지 무서운 결론에 이른다.
하느님이 바라는 것은 우리가 하느님과 같아지는 것이라는.

June 18

하느님이 바로
진화시키는 힘의 원천이자 도착지인 것이다.

June 19

신에 관한 관념 중에는 고귀한 자리에서 우리를 살뜰하게 보살피는 친절한 하느님이 계신다는 오래된 개념이 있다. 반면 우리에게 분명히 신의 지위, 신의 권능, 신의 지혜, 신의 정체성 등을 획득하라고 요구하는 하느님이라는 개념도 있다.

June 20

인간이 신처럼 되는 것은 불가능하다고 생각해버리기만 하면
의식 수준을 높이려고 애쓸 필요도, 사랑을 실천할 필요도 없다.
그냥 되는 대로 주어진 인간으로 지내면 되는 것이다.

June 21

인간이 하느님이 될 수 있다고 믿는 순간,
우리는 정말 절대로 오랫동안 쉴 수 없다.
우리는 더욱더 지혜롭고, 더욱더 현명해지도록
끊임없이 스스로를 밀어붙여야 한다.

June 22

하느님이 자신처럼 성장하도록
인간을 적극적으로 양육한다는 사실은
우리로 하여금 자신의 게으름에 직면하게 한다.

June 23

게으름을 극복할 수 있다면 영적 성장 과정에서 만나는
다른 모든 장애물을 뛰어넘을 수 있을 것이다.
그러나 그러지 못하면 다른 어떤 장애물도 뛰어넘을 수 없다.

June 24

사랑의 반대말은 게으름이다.

June 25

어떤 제시된 행동 방침의 지혜를 논할 때,
사람들은 대개 하느님의 생각을 읽지 않는다.

June 26

'우리 안에 계신 하느님의 말씀'을 진지하게 듣게 되면,
우리는 이내 더 험난하고 더 수고로운
가시밭길에 내몰린 자신을 발견한다.
우리는 저마다 망설이면서
이런 고통스러운 걸음을 내딛기를
회피하고 싶어 할 것이다.

June 27

변화를 두려워하는 근저에는 게으름이 있다.
그것은 반드시 해야 할 일 앞에서의 두려움이다.

June 28

하느님께 묻는 것은 많은 일을 해야 함을 의미한다.
그러나 아담과 이브에 대한 이야기의 교훈은
반드시 그래야만 한다는 것이다.

June 29

세상의 악에 대항하여 직접 싸움에 가담하는 것은
우리가 성장하는 방법 중 하나다.

June 30

게으름의 자각은 영적 진보를 가늠하는 잣대다.

July 1

은총을 발견할 수 있는 가장 가까운 장소를 알고 싶다면
그건 바로 당신의 내부다.

July 2

당신이 지닌 것보다 더 큰 지혜를 갈망한다면
당신 안에서 찾을 수 있다.

July 3

쉽게 말하자면 우리의 무의식이 바로 하느님이다.
우리 안에 계신 하느님.
줄곧 우리와 함께해오신 하느님은 지금도, 그리고 언제까지나
우리와 함께하실 것이다.

July 4

내게는 집단 무의식이 바로 하느님이다.
의식은 개인으로서의 인간이며,
개인의 무의식은 개인과 하느님이 만나는 지점이다.
그리고 영적 성장의 핵심은
의식을 지닌 채로 하느님의 상태에 이르는 것이다.

J U L Y 5

우리가 병드는 것은
의식이 무의식의 지혜에 저항하기 때문이다.

JULY 6

우리는 의식을 지닌 개인으로서
새로운 삶의 방식인 하느님이 되고자 태어난 것이다.

July 7

대부분의 신비주의 철학과 신학의 목표는
자아가 없는 무의식 상태의 아기가 되는 것이 아니다.
그보다는 성숙하고 의식적인 자아로 성장하는 것,
그리하여 하느님의 자아 상태가 되는 것이다.

July 8

우리의 성숙한 자유 의지를 하느님의 의지와 일치시킬 수 있다면
그러면 우리는 하느님의 은총의 한 형태가 될 것이고
인류 안에서 그분을 위해 일하며, 사랑이 없었던 곳에 사랑을 심고
인류의 진보 수준을 더 진척시킬 것이다.

July 9

정치적 권력이란 타인을 강요하여
자신의 의지에 따르도록 하는 능력이다.
영적인 힘은 인식의 최대치에서 결정내릴 수 있는 능력이다.
그것은 의식이다.

July 10

우리는 종종 가장 확신에 차 있을 때 오히려 가장 어둠 속에 있고, 가장 혼란스럽다고 생각될 때 오히려 가장 명료한 경우가 있다.

July 11

더 위대한 자각은 어둠 속에서 번쩍 불빛이 빛나는 것 같은
깨달음으로 오지 않는다.
그것은 천천히 조금씩 오며, 그 조금이라는 것도
자기 자신을 포함한 모든 사물을 관찰하고 탐구하는
각고의 노력 끝에 얻어진다.

July 12

진정 길고도 긴 영적 성장의 길을 따라가다 보면,
점차 자신이 하는 일이 실제로 어떤 일인지
알게 되는 지점에 이를 수 있게 된다.
우리는 힘을 갖게 되는 것이다.

July 13

영적으로 완전히 성숙한 사람은 인생의 전문가다.
자신이 하는 일을 진정으로 알 때
우리는 하느님의 전지전능하심에 동참하는 것이다.

July 14

지식과 권능의 근원이 무엇인지를 물으면
진실로 힘 있는 사람은 예외 없이 이렇게 대답할 것이다.
"그것은 내 권능이 아닙니다. 내가 지닌 이 작은 권능은
보다 위대한 힘의 조그만 표현일 따름이지요……."
곧 그것은 모든 인류와 모든 생명체와 그리고 하느님의 힘이다.

July 15

하느님과 밀접하게 연결돼 있음을 자각함으로써
진정으로 힘 있는 사람은 언제나 고요한 환희를 느끼고
외로움이 사라지며 하느님과 교감하는,
자아의 망각 상태를 경험한다.

July 16

영적인 힘을 경험한다는 것은
분명 즐거운 것이기는 하나 한편으로는 끔찍한 일이다.
더 많이 알수록 행동을 취하기는 더 어려워지기 때문이다.

July 17

우리 모두는 장군들과 같다.
어떤 행동을 취하더라도 그것은 문명의 진로에 영향을 미친다.

July 18

신성神性에 다가가면 갈수록, 더 많이 하느님께 공감하게 된다.
하느님의 전지전능과 함께한다는 것은
또한 그분의 고뇌를 함께 나눈다는 뜻이기도 하다.

July 19

대통령과 왕들에게는 동지들이 있을 것이다.
그러나 영적인 힘이 최고 수준에 도달한 사람에게는
그와 대등한 깊이를 지닌 사람을 두기가 거의 불가능할 것이다. 다른 사
람들이 충고를 해줄 수는 있다.
하지만 결정은 당신 혼자 내려야 한다.

July 20

영적 성장을 향한 여정에서 느끼는 고독은 커다란 짐이다.
그러나 의식이 성숙해지고 하느님을 알아가는 교감 속에는
우리를 지탱시켜주고도 남을 즐거움이 있다.

July 21

사랑이란
영적 성장을 위해 자신을 확장하려는 의지다.

July 22

사람들의 사랑할 수 있는 능력, 즉 성장하려는 의지는
삶 전체에 걸쳐 은총, 혹은 하느님의 사랑에 의해서 길러진다.

J U L Y   2 3

은총은 모든 사람에게 주어진다.
하느님의 사랑은 우리 모두를 감싸고 있으며
덜 귀한 사람이란 있을 수 없다.

July 24

은총에의 부름은
보다 더한 책임과 권력이 있는 지위로의 승진이다.

July 25

은총을 인식하고 그것의 변함없는 존재를 개인적으로 경험하며
자신이 하느님 곁에 있음을 아는 것은,
지극히 소수만이 가질 수 있는 내면의 고요와 평화를
줄곧 경험하고 아는 것이다.

July 26

하느님과 가까이 있음을 경험한다는 것은
또한 하느님이 되는 의무를 느낀다는 것이며
그것은 봉사하는 삶을 살며, 필요하다면
어떤 희생이라도 감수하는 삶을 산다는 것을 의미한다.

July 27

우리 대부분은 어른다움에 따르는 자유와 권력이 우리 것임을 믿으면서도 그에 따르는 책임과 자기 훈육은 별로 달가워하지 않는다.

July 28

자신 외에는 탓할 사람이 없는
그런 권력의 지위에 오른다는 것은 두려운 일이다.
그 정상에 하느님이 함께 계시지 않는다면
우리는 고독 때문에 겁에 질려버릴 것이다.

July 29

사람들은 대부분 평화는 원하되
권능에 따르는 고독함은 싫고,
어른의 자신감은 갖고 싶어하되
성장해야 하는 부담은 싫어한다.

J u l y 30

우리는 돌연히 찾아오는 은총의 순간을
"아, 기쁘다!"라는 사건으로 상상하기 쉽다.
내 경험에 의하면 그보다는
종종 "제기랄!"이라는 반응 쪽이 더 많다.

July 31

소명에 귀 기울이기로 마침내 결심했을 때에야
비로소 "오, 주여, 감사합니다"라거나
"저는 자격이 없습니다"라거나
"제가 해야 합니까?"라고 말할 수 있다.

August 1

우리가 은총에게 가는 것이 아니라
은총이 우리에게 오는 것이다.

August 2

어떤 차원에서 은총의 부름에
응하느냐 아니냐는 우리가 선택하는 것이지만,
또 다른 차원에서 보면
그 선택을 하는 것은 하느님이라는 사실도 명백해 보인다.

A u g u s t   3

만약 자신을 완벽하게 훈육된,
완전한 사랑을 베푸는 사람으로 만들 수 있다면,
신학이라든가 신에 대한 사상에 무지하다 해도
은총을 받기에는 부족함이 없을 것이다.

August 4

스스로의 의지로 은총을 소유할 순 없다 해도
그것이 기적처럼 올 때 우리 의지로 자신을 열어놓을 수는 있다.

August 5

구하되 또 구하지 않는다는 역설의 배합을 통해서,
우리는 우연한 깨달음이라는 선물과 은총의 축복을 받는다.

August 6

누구나 사랑받기를 원한다. 그러나 그러려면 먼저
사랑이 넘치는, 잘 훈육된 인간이 됨으로써
자신을 사랑스러운 사람으로 만들어야 한다.

August 7

보상을 받겠다는 일차적 욕망 없이 자신과 타인을 잘 보살필 때,
우리는 사랑스러운 사람이 될 것이다.
또 굳이 구하려 하지 않았던,
사랑받는 존재라는 보답이 우리를 찾아올 것이다.

August 8

은총이라는 선물을 알아차릴 수 있는 학습된 능력으로,
우리는 하느님의 보이지 않는 손과 상상할 수 없는 지혜가
우리 여행을 안내하고 있음을 발견할 것이다.
우리의 의식적 의지가 할 수 있는 것에 비하면
엄청난 정확성으로.

August 9

예언자의 말이나 은총의 조력이 유용하긴 하겠지만
인생이라는 그 여정은 여전히 홀로 가야만 한다.

August 10

종교 의식은 단지 배움을 위한 보조수단이지
배움 자체는 아니다.
유기농 식품을 먹고, 아침 식사 전 성모송을 다섯 번 외고,
동쪽이나 서쪽을 향해 경배를 하고, 일요일에 교회엘 가는
일들이 당신을 목적지까지 데려다주지는 못한다.

A u g u s t   1 1

은총이 실재한다는 사실은 하느님의 실재뿐 아니라
하느님의 의지가 개개인의 영혼을 성장시키는 데
주력하고 있다는 사실을 명백하게 입증해준다.

August 12

은총으로 말미암아 우리는 휘청거리지 않을 수 있고,
은총으로 말미암아 우리는 하느님의 왕국에서
환영받고 있음을 안다.
더 이상 무엇을 바라겠는가?

August 13

인류는 진화라는 도약을 하는 중이다.
"이 도약에 성공할지 실패할지는
전적으로 당신의 개인적 책임이다."

August 14

단순히 사회적 동물로 사는 것으로는 충분하지 않다.
우리에게 본질적이고 중요한 핵심 과제는
우리 자신을 공동체적 피조물로 탈바꿈시키는 것이다.
그것이야말로 인간이 진화할 수 있는 유일한 길이다.

August 15

인간의 다양성을 충분히 자각하라.
그러면 인간의 상호의존성을 인식하게 된다.

August 16

완전한 인간이 되기 위하여
우리는 개인이 되어야 하는 소명을 받았다.
고유하고 독자적인 개인으로서의 소명을 받았다.
우리는 또한 힘도 가져야 한다.

August 17

정확히 운명의 주인은 아니라 하더라도,
내가 탄 배의 선장은 될 수 있도록 최선의 노력을 기울여야 한다.

August 18

여성이라면 남성적인 면을 강화하고,
남성이라면 여성적인 면을 강화해야 한다.
성장하기 위해 우리는
그것을 방해하는 약점을 극복해 나가야 한다.

August 19

우리는 우리 자체로는 절대 온전한 인간이 될 수 없다.
우리는 필연적으로 사회적인 피조물이다.
단순히 생존을 위해 혹은 옆에 누군가가 필요해서가 아니라,
어떻게든 삶의 의미를 찾기 위해서 서로가 절실하게 필요한.

August 20

한 무리의 수사들이 그들의 죽어가는 교단을 살리는 방법을 청하자 랍비는 대답했다.

"미안합니다. 제가 드릴 수 있는 답변은 당신들 가운데 구세주가 있다는 것뿐이에요."

랍비의 말을 되뇌면서, 나이 든 수사들은 서로를 그리고 자신을 각별히 존중하기 시작했다. 혹시나 자기들 중에 누가 구세주가 될지 모를 일이었기 때문이다.

THE ROAD LESS TRAVELED

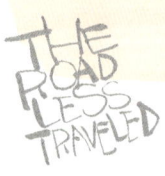

August 21

각자의 개인적인 삶과 영향권 안에서
공동체의 기본원리를 배우지 않은 채
세계평화를 실현하는 유일한 길인 지구촌 공동체를 향해
얼마나 멀리 나아갈 수 있을지는 의심스럽다.

August 22

게임이 분명 당신을 망치고 있을 때
진지하게 규칙의 변경을 고려하는 것은
결코 비실용적인 일이 아니다.

August 23

인류의 생존을 위해서라면,
규칙을 변경하는 일은 이제 선택의 문제가 아니다.

August 24

영적 치유란 온전해지거나 성스러워지는,
그리고 끊임없이 의식화되어가는 과정이다.

August 25

핵 기술의 가장 놀라운 결과는
육체적 구원과 영적 구원을 더 이상 분리할 수 없는 지경으로
인류 전체를 몰아넣었다는 점일 것이다.

August 26

자신의 동기에 무지하고 문화에 무관심한 상태로는
더 이상 위기를 모면할 수 없다.

August 27

영혼을 구하지 않고서는 위기를 모면할 수 없다.
영혼의 치유를 경험하지 않고서는
우리가 만들어놓은 세상의 혼란도 치유할 수 없다.

August 28

어떤 신앙과 문화도 말살시키지 않고
모두 포용할 수 있는 공동체, 이런 공동체야말로
'이 시대의 가장 큰 문제의 핵심'을 치유할 수 있다.

August 29

'자유'와 '사랑'은 쉬운 단어다.
하지만 이것들을 행동으로 옮기는 것은 쉽지 않다.

August 30

제대로 된 급진주의자는
사물의 뿌리에 다다르고자 하는 사람,
피상적인 것들에 현혹되지 않고
나무가 아니라 숲을 보고자 하는 사람이다.
생각이 깊은 사람이라면 누구나 급진주의자가 될 수 있다.

August 31

진정한 사랑은 끊임없이 아주 어려운 결단을 요구한다.

September 1

완전히 치료가 되기까지는 꽤 오랜 시간이 걸렸다.
쉰 살이 된 지금도 나는 남에게 도움을 청하는 것,
약할 때 약해 보이는 것을 두려워하지 않는 것,
필요하다면 남에게 의존하고 도움 받는 것을 배우는 과정을
완성해가고 있다.

September 2

우리의 적들 모두가 (어쩔 수 없이, 현실적으로 의존하고 있는,
스트레스 가득한 가족처럼) 친척과 같다.
그리고 우리는 모두 만물의 이치에 따라
서로에게 각자 맡은 역할을 하고 있다.

September 3

그저 행복을 구하라. 그러면 행복을 찾기 어려울 것이다.
행복에 연연해하지 않고 행복을 만들어내고 사랑하라.
그러면 대부분의 시간이 행복할 것이다.

September 4

기쁨을 추구하는 행동 자체는 결코 기쁨을 가져다주지 않는다.
공동체를 만드는 작업에 참여하라.
그러면 기쁨을 얻을 것이다.

September 5

최강자에서 가장 약한 사람에 이르기까지
많은 사람들은 사실 장애를 가진 영웅이다.

September 6

누구에게나 있는 약점과 불완전, 결함, 부적응, 죄, 온전함과
자족성의 결여 등의 것들을 자유롭게 공유할 수 있을 때,
우리는 진정으로 우리 자신이 될 수 있다.

S e p t e m b e r   7

전혀 다른 사람들이지만 서로를 사랑하는 집단을
재현할 수 있는 가능성을 깨닫고부터
나는 인간의 조건에 대해서 완전히 절망하지 않게 되었다.

September 8

우리에게는 온전한 인간이 되기 위해 노력하면서
동시에 불완전성을 인식할 의무가 있다.
즉 힘을 가지면서도 약점을 인정하고,
개별적이면서도 상호의존적임을 받아들여야 한다.

September 9

결혼과 마찬가지로
공동체 생활에서도 상황이 순탄하지 않을 때는
그곳에 머물러 있어야 한다.

September 10

공동체에서는 사람들 간의 차이를 무시하거나 부정하거나 감추거나 변화시키는 대신, 선물로 받아들이고 축하한다.

September 11

어둠과 빛, 신성함과 속됨, 슬픔과 기쁨, 아름다움과 추함을
모두 통합하기 때문에 공동체가 내리는 결론은
개인, 부부 혹은 일반 집단의 것보다 훨씬 더 원만하다.

September 12

서로의 재능을 인정하기 시작하면서
자신의 한계도 받아들이게 된다.

September 13

사람들이 상처를 함께 나누는 것을 목격하면서
자신의 부적합함과 결함도 수용할 수 있게 될 것이다.

September 14

자기성찰은 통찰을 얻는 열쇠이며,
통찰은 지혜를 얻는 열쇠다.

September 15

공동체의 구성원들이 유약해지고
스스로 존중받고 인정받는다는 것을 알게 됨에 따라
방어벽은 무너진다.
사랑과 수용이 넘쳐나고, 치유와 전환이 시작된다.

September 16

어느 누구도 당신을 치유하거나 변화시키려 하지 않기에,
고치려 들거나 바꾸려 하지 않기 때문에
공동체는 바로 안전한 곳이다.
대신, 공동체의 구성원들은 있는 그대로의 당신을 받아들인다.

September 17

안전하다고 느낄 때,
자신을 치유하고 변화시키려는 경향이 자연스럽게 드러난다.

September 18

평정의 가면을 벗고 그 이면의 고통과 용기, 상처,
심오한 존엄성을 보게 되면서,
우리는 진정으로 서로를 같은 인간으로서 존중하기 시작한다.

September 19

사실, 모든 인간은 누구나 상처 입은 나약한 존재다.
모두가 상처를 안고 있으면서도
우리는 보통 상처를 감추어야 한다고 느끼니,
얼마나 이상한 일인가!

September 20

우리의 상처에는 아픔이 있다.
하지만 훨씬 더 중요한 것은
아픔을 나눌 때 우리에게서 솟아나는 사랑이다.

September 21

정신은 다루기 힘들다.
물질적인 것과 달리 그 자체는
순순히 정의를 내리기도 포착하기도 힘들다.

September 22

대부분의 사람들이 상처 입었다는 사실을
자신은 물론 타인에게도 여전히 감추려고 하지만,
우리 모두는 위기에 처해 있으며 도움이 필요하다.

September 23

위기危機라는 한자는 두 글자로 이루어져 있다.
'위'는 '위험'을, '기'는 '감추어진 기회'를 의미한다.

September 24

위기가 없는 삶이 건강한 삶은 절대 아니다.
사실상 개인의 정신적 건강은
얼마나 일찍 위기에 직면할 수 있느냐로 구별된다.

September 25

삶에서 위기를 일부러 만들어낼 필요는 없다.
단지 위기가 존재한다는 것을 인정하기만 하면 된다.

September 26

어쩌면 기적은 단지
우리 인간들이 일반적으로 지금 이해하지 못하는
법칙을 따르고 있는지 모른다.

September 27

싸우는 것이 분열되지 않은 척 가장하는 것보다 훨씬 낫다.

September 28

스스로에 대한 기대치를 비우고, 미리 정해놓은 틀에다
타인의 관계, 우리와 그들과의 관계를 끼워 맞추는 것을
그만둘 수 있어야만, 진정으로 경청하고, 듣고
혹은 경험할 수 있다.

S e p t e m b e r   2 9

"뭔가 다른 계획을 세웠을 때 우연히 어떤 일이 벌어진 것,
그것이 삶이다."

September 30

친구가 고통을 겪고 있을 때
우리가 할 수 있는 최선의 사랑은 그 고통을 나누는 것이다.
곁에 있는 것 말고는 아무것도 할 수 없을 때조차
함께 있어주는 것이 고통일지라도 옆에 있어주는 것이 최선이다.

October 1

우리는 기꺼이 실패하고,
'삶은 해결해야 할 문제가 아니라
살아가야 할 신비'라는 진리를 인식해야 한다.

October 2

희생에 고통이 따르는 이유는 그것이 일종의 죽음,
부활을 위한 죽음이기 때문이다.

October 3

진정으로 들으려면 진실하게 자신을 비워야 하며
고통과 괴로움을 표현하는 데 대한 혐오감조차 버려야 한다.

October 4

우리는 삶의 밝은 면뿐만 아니라
어두운 부분까지도 끌어안아야 한다.

October 5

미지의 세계로 들어가는 것은 언제나 두려움을 불러일으킨다.
하지만 우리는 오직 모험을 통해서만 진정 새로운 것을 배운다.

October 6

우리 혼자서는 치유하거나 변화할 수 없다.
그러나 사람들을 바로잡으려는 욕망을 스스로 비울 수 있다면,
치유와 변화는 저절로 시작된다.

October 7

사람들은 해야 할 일을 스스로 결정하기보다는
대개 지도자가 지시해주는 것에 더 의존한다.

October 8

한마디도 하지 않는 구성원은
가장 말 많은 구성원만큼이나 집단에 큰 영향을 미친다.

October 9

내면의 변화를 겪은 사람들에겐
아무것도 변하지 않은 사회로 복귀하는 일이 고통스럽고
때로는 더할 수 없는 충격일 수 있다.

October 10

우리 인간은 진정한 공동체를 열망하며
공동체의 존속을 위해 열심히 노력한다.
바로 그것이야말로 가장 충만하고 활기차게 살 수 있는
길이기 때문이다.

October 11

누구나 목사가 될 수 있다.
좋은 목사가 될지 나쁜 목사가 될지 선택하는 것만 남았을 뿐.

October 12

체계가 없으면 혼란이 생긴다.
체계가 완전한 구조를 갖추고 있으면 마음을 비울 여지가 없다.

October 13

적절한 조건이 주어지면, 소집단의 사람들도
정말 일상적으로 평화롭게 사랑하며 살 수 있다.

October 14

더 큰 규모의 공동체를 향한 첫걸음은
우리가 모두 똑같지 않으며
결코 같아질 수 없다는 사실을 인정하는 데 있다.

October 15

공동체는 함께 어울리는 곳, 그 안에서 사람들은
방어벽 뒤에 숨기보다 그 벽을 낮추는 것을 배우고,
서로의 차이점을 없애려 하는 대신 그것을 수용할 뿐 아니라
그를 통한 대단한 기쁨을 배운다.

October 16

파충류처럼, 우리 인간은 땅에 바짝 붙어 살금살금 기어가서는
동물적 본성으로 인해 진창에 빠지기도 하고
문화적 편견에 흙투성이가 되기도 한다.
반면에 또한 영적인 존재이기도 한 우리는,
새처럼 하늘 높이 날아오를 수도 있어
편협한 마음과 사악한 기질을 초월하기도 한다.
우리의 과제는 용과 같은 우리의 속성을 받아들이는 것이다.

October 17

우리는 더 이상 자의식을 버리고
세계(즉 에덴 동산)와 하나가 되는 식으로 돌아갈 수 없으며,
사막의 고통을 견디고 나아가
더 깊은 의식의 단계로 들어가야만 구원받을 수 있다.

October 18

인간의 본성에 관한 주된 오해(환상)는
사람이 다 똑같다는 생각이다.

October 19

영적 여정의 역동성은
우리 모두가 공유하는 복합적인 특성 중 하나이며
인간의 독특함과 유사성을 동시에 보여주는 또 다른 예다.

October 20

남성과 여성의 영혼에 심오한 차이가 있음을
의심하는 사람은 아무도 없다.
하지만 성숙해가는 과정에서는 남성과 여성 모두
똑같은 정신적·영적 문제들을 해결하고
똑같은 장애물을 뛰어넘어야 한다.

October 21

변화할 수 있는 비범한 능력은
인간의 본성 중에 가장 본질적인 특성이다.
그것은 전쟁의 근본 원인인 동시에
전쟁을 방지하는 근본적인 치유책이기도 하다.

October 22

심리적으로나 영적으로 가장 성숙한 사람이야말로
정신적으로 가장 젊은 사람이다.

October 23

진정한 어른은
변화의 능력을 계속 발달시키고 발휘하는 사람들이다.

October 24

우리가 성장할수록
낡은 것을 비워내고 새로운 것을 받아들이는 능력도 더 커져서,
그럼으로써 변화가 일어나게 된다.

October 25

진리가 너희를 자유롭게 하리라.
그러나 처음에는 그것이 너희를 미쳐버리게 할 것이다.

October 26

변화는 쉬운 일이 아니다.
하지만 분명 가능하고,
그런 가능성은 인간이 누릴 수 있는 축복이다.

October 27

공동체의 핵심은 개인적이고 문화적인 차이를
수용하는(사실, 축복하는) 것이다.
그것은 또한 세계평화의 핵심이기도 하다.

October 28

결점이나 미성숙함 때문에 타인을 좋아하지 않을 수도 있다.
하지만 스스로 더 깊이 성장하면,
결점을 포함한 모든 면을 받아들이고
더 사랑할 수 있게 된다.

October 29

그리스도의 계명은
서로 좋아하라는 것이 아니라 서로 사랑하라는 것이다.

October 30

신비주의자들은 엄청난 미지의 세계를 인정하지만
그것을 두려워하기보다는 더 이해하기 위해 더욱 깊이 파고든다.
이해하면 할수록 신비가 더욱 커지리라는 것을 알면서도 말이다.

October 31

훌륭한 교사나 치유자가 되는 좋은 방법은
환자나 학생보다 한 발짝만 앞서는 것이다.
한 발짝 앞서 있지 않으면 이들을 어디로도 인도할 수 없다.
하지만 두 발짝 앞서 있으면, 이들을 잃기 쉽다.

November 1

우리 힘만으로는 하느님께 이를 수 없다.
하느님에게 다다르려면 하느님의 연출에 따라야 한다.

November 2

우리의 영적 발전에 있어 의문을 품거나 의심하는 일은
도외시할 수도, 도외시해서도 안 된다.

November 3

의문을 품는 과정을 통해서만
삶의 목표가 영혼의 성장임을 희미하게나마 자각하기 시작한다.

November 4

일단 우리 모두가 영적 여정에 오른 순례자임을 인식하면,
처음으로 우리는 그 길에서 실제로
하느님과 의식적으로 협력하기 시작할 수 있다.

November 5

전체에 대한 사랑과 책임에서부터,
사실상 우리 모두는 배경과 한계를 초월할 수 있게 된다.

November 6

세계 공동체를 발전시키고
그리하여 무사히 위기를 극복하는 일은
무엇보다도 우리 인간이 자신을 얼마나 비워내느냐에 달려 있다.

N o v e m b e r   7

명상의 미덕은 빈 마음에 무엇이 들어오든
우리의 통제를 벗어난다는 것이다.
그리고 이 예견도 예측도 할 수 없는 것,
새로운 것을 통해서만 우리는 배운다.

November 8

진정한 응시를 위해서는 생각을 멈춰야 한다.
우리가 정말 독창적으로 생각할 수 있기 전까지는.

N o v e m b e r   9

사색적인 삶은 반성과 명상, 기도로 이루어진 풍요로운 삶이다.
그것은 최대의 자각을 위해 전념하는 삶이다.

November 10

공동체가 살아남으려면,
무엇을 하건 반복해서 멈출 줄 알아야 한다.
그리고 일이 어떻게 진행되고 있는지,
공동체가 어디로 나아가야 하는지를 숙고해보고,
마음을 비워 그 해답에 귀 기울일 줄 알아야 한다.

November 11

마음비우기의 궁극적인 목표는
다른 사람들, 예측 불가한 사람들,
새로운 사람들, 더 좋은 사람들을 위해
마음에 여지를 두는 것이다.

November 12

스스로 마음을 비우지 않으면
다른 사람을 우리 가슴과 마음에 들일 수 없다.
마음을 비워야만 상대의 말에 진심으로 귀 기울일 수 있다.

November 13

침묵이 없으면 음악도 없다.
오직 소음만 있을 뿐이다.

November 14

기존의 문화적·지적 이미지들과 기대를 스스로 비우지 않으면 결코 타인을 이해할 수 없고 타인의 말에도 귀 기울일 수 없다. 사실상 공감조차 불가능해지는 것이다.

November 15

우리의 사랑과 희생은
기꺼이 알려고 들지 않을 때 가장 잘 나타난다.

November 16

모호성을 받아들이고 역설적으로 사고하는 능력은
마음비우기의 특징이자 평화 구현의 필요조건이다.

November 17

무언가를 포기하는 유일한 이유가
더 나은 것을 얻기 위해서라면
이렇게 물어야 한다.
"평화를 얻기 위해 우리는 스스로 무엇을 비워야 하는가?"

November 18

개방성은 우리에게
유약함(상처 입을 수 있는 능력, 자발적인 의지)을 요구한다.

November 19

우울과 절망, 두려움과 불안, 번뇌와 슬픔, 분노와 용서의 고뇌, 혼란과 의심, 비판과 거부 등의 정서적 소용돌이가 결여된 삶은 우리 자신은 물론이고 타인들에게도 의미가 없다.

November 20

상처를 기꺼이 감수하지 않으면 치유도 불가능하다.

November 21

치유자인 예수가 가르쳐준 것이 있다면,
구원의 길은 유약함 속에 있다는 것이다.

November 22

모두가 문제와 불완전함, 신경증, 죄, 실패를 안고 산다.
불완전함은 우리 인간이 모두 공유하는
몇 안 되는 특성 가운데 하나다.

November 23

명백하게 불완전한 사람들 사이에서만 공동체를 발견할 수 있고 명백하게 불완전한 국가들 사이에서만 평화를 발견할 수 있다.

November 24

"우리가 서로에게 줄 수 있는 가장 위대한 선물은
우리 자신의 상처다."

November 25

위험을 감수하지 않는 유약함은 있을 수 없고,
유약함 없는 공동체도 존재할 수 없으며,
공동체가 없으면 평화도, 궁극적으로는 생명도 있을 수 없다.

November 26

통합에는 반드시 고통이 뒤따른다.

November 27

통합성이 존재하는지 그렇지 않은지를 알아내고 싶으면
한 가지만 질문해보면 된다.
무엇이 빠졌는가?
무언가 누락된 것이 있는가?

November 28

통합적으로 생각하는 순간
우리 모두는 사실 관리인이라는 것,
모든 부분에서 관리인의 책임을 거부할 수 없음을
깨닫게 될 것이다.

November 29

정원의 꽃들은 '나의' 꽃이 아니다.
나는 꽃을 만들어낼 줄 모른다.
그저 관리하거나 키울 수 있을 뿐이다.

November 30

근원적으로, 사실상 모든 진리는 역설적이다.

December 1

진정한 종교는 포괄성과 역설이 특징이다.
거짓된 종교는 편파성과 전체 통합의 실패로 감지될 수 있다.

December 2

역설적으로 하느님은
당신의 '조용하고 작은 목소리'로 우리 안에 존재하고 동시에
당신의 초월적이고 광대한 타자성으로 우리 밖에도 계신다.
기독교인으로서 나는 이것을 완전한 실재라고 말하련다.

December 3

구원은 은총과 선행이 역설적으로 결합되어 있을 때
주어지는 결과다.
그 결합은 어떤 수학 공식으로도 설명하기 어려울 만큼
충분히 불가사의하다.

December 4

모하메드가 말하길,
"신을 믿어라. 그러나 먼저 너의 낙타를 묶어라"고 했다.

December 5

생각은 어떤 형태든 용인해야 하는 반면,
행동 중에는 그러지 않아야 할 것도 있다.
결국 중요한 것은 행동이다.

December 6

종교적 믿음의 고백이 그 사람의 경제적·정치적·사회적 행동을 결정하는 데 의미가 없다면, 그 고백은 거짓이다.

December 7

어떤 깊은 관계라도 혼란이 있게 마련이다.
사실 이런 혼란은 필요하기도 하다.

December 8

하느님은 워낙 위대해서 우리가 때때로 당신을 저주해도
대단히 신경을 쓰진 않으시리라 생각한다.
그러나 하느님을 진정 분노케 하는 것은
우리가 당신을 이용할 때다.

December 9

의사소통의 전반적인 목적은
인간 사이의 화해이며, 화해여야 한다.

December 10

우리를 갈라놓는 장애물이라는 명확한 실상에 초점을 맞춰
그것을 무너뜨리려면, 때로는 정면으로 마주한,
심지어 분노에 찬 의사소통도 필요하다.

December 11

의사소통의 참된 과업은
우리 사이에 사랑과 조화를 창조하는 것이다.
그것은 평화 만들기다.

December 12

평화 만들기와 화해, 즉 공동체 건설은
전 지구적 차원의 문제일 뿐만 아니라
모든 기업과 교회, 이웃, 가족과 관련된 문제이기도 하다.

D e c e m b e r 13

평화 만들기에 있어 가장 큰 장애물은 소극적인 태도다.

December 14

다그 함마르셸드는 이렇게 가르쳤다.
"우리 시대에는 반드시 행동이라는 세계를 통과해야만
거룩함에 도달할 수 있다."

December 15

마치 난폭한 미치광이를 대하듯 오랫동안 사람들을 대해보라.
그러면 분명 난폭한 미치광이가 되고도 남을 것이다.

December 16

스스로를 구원하고 싶다면 인간성에 복종하는 법을 배워야 한다.
그것도 빨리.
그리고 그것을 과업으로 받아들이기 전까지는
진정으로 평화를 원한다고 할 수 없다.
단지 권력을 원하는 것일 뿐이다.

D e c e m b e r 17

심리게임에서 게임을 끝내는 유일한 방법은
그만두는 것이다.

December 18

우리가 자신을 존중하기 위해서는
자존감과 그에 수반되는 자부심을 가져야 한다.

December 19

지금 시대는
평화를 위해 커다란 위험을 무릅쓸 것을 요구한다.

December 20

진정한 기독교인이 되려면 위험 속에서 살아갈 줄 알아야 한다.

D e c e m b e r   2 1

우리 개개인, 즉 모든 영혼은
선과 악이 투쟁하는 전쟁터다.

December 22

진정한 공동체의 한 가지 특성은
그것이 품위 있게 싸울 수 있는 하나의 몸체라는 것이다.

December 23

우리는 모두 성숙이라는 과제에 직면해 있다. 그리고 이 과제를 공동체에서보다 더 효과적으로 달성할 수 있는 곳은 없다. 공동체에서는 모든 구성원이 지도력을 발휘하는 법을 배우며 권위자에게 의존하려는 각자의 성향과 싸우기 때문이다.

December 24

진정한 장기長期 공동체의 일원인 사람이
이런 말을 한 적이 있다.
"우리는 서로 너무 사랑해서 무슨 일이든 그냥 안 넘어가요."

December 25

평화 만들기는 궁극적으로 풀뿌리 차원에서 시작해야 한다.
그것은 당신과 함께 시작한다.

December 26

존재가 행위보다 우선한다는 것을 명심하라.

December 27

단지 공동체를 아름답게 가꾸는 일에만 집중해도,
당신이 다른 어떤 행동을 안 해도
그 아름다움은 광채를 발할 것이다.

December 28

진정한 공동체는 포괄적이다.
당신이 부유한 백인 민주당원이라면,
가난한 사람들과 흑인, 멕시코인 그리고
공화당원들에게서 가장 많이 배울 것이다.
온전해지는 데는 이들의 재능이 필요하다.

December 29

좋든 싫든, 우리 모두는
평화를 건설하는 사람이 되라는 소명을 받았다.

December 30

평화 만들기라는 전쟁에서 승리하는 데 필요한 전략의 핵심은 공동체이고, 무기는 오로지 사랑뿐이다.

December 31

세상에 사랑을 전하는 것이야말로 우리가 해야 할 일이다.

옮긴이 | 최미양

숭실대학교 영어영문학과를 졸업하고 서강대학교 대학원 영어영문학과와 숭실대학교 대학원 영어영문학과(문학박사)를 졸업했다. 현재 숭실대학교 베어드학부대학 교수로 재직중이다.

서서로 《도리스 레싱의 〈황금빛 노트〉와 상호의존적 자아》(2006)가 있고, 《청지기 리더십》(2005), 《아직도 가야 할 길》(2011)을 번역했다.

옮긴이 | 박윤정

한림대학교 영어영문학과와 동대학원을 졸업하고, 현재 전문 번역가로 활동하고 있다. 가장 자연적인 환경 속에서 영성과 예술을 통합시키는 삶을 꿈꾸며, 번역을 통해 세상과 소통하고 있다.

옮긴 책으로 《모던 마임과 포스트모던 마임》, 《그렇다고 생각하면 진짜 그렇게 된다》, 《사람은 왜 사랑 없이 살 수 없을까》, 《디오니소스》, 《병을 부르는 말 건강을 부르는 말》, 《달라이라마의 자비명상법》, 《틱낫한 스님이 읽어주는 법화경》, 《식물의 잃어버린 언어》, 《생활의 기술》, 《헨리 데이비드 소로우의 산책》, 《생각의 오류》, 《유모차를 사랑한 남자》, 《만약에 말이지》, 《스스로 행복한 사람》, 《영혼들의 기억》 등이 있다.

그 길에서의 명상 필사노트

초판 1쇄 발행일 2011년 12월 15일
변형판 1쇄 발행일 2025년 9월 15일

지은이 | M. 스캇 펙
옮긴이 | 최미양·박윤정
펴낸이 | 김현관
펴낸곳 | 율리시즈

디자인 | 투피피
캘리그라피 | 이상현
종이 | 세종페이퍼
인쇄 및 제본 | 올인피앤비

주소 | 서울시 양천구 목동중앙서로7길 16-12 102호
전화 | 02-2655-0166~0167
팩스 | 02-6499-0230
이메일 | ulyssesbook@naver.com
ISBN 979-11-992239-3-6 03180

등록 2010년 8월 23일 제2010-000046호

ⓒ 2011 율리시즈 KOREA

책값은 뒤표지에 있습니다.